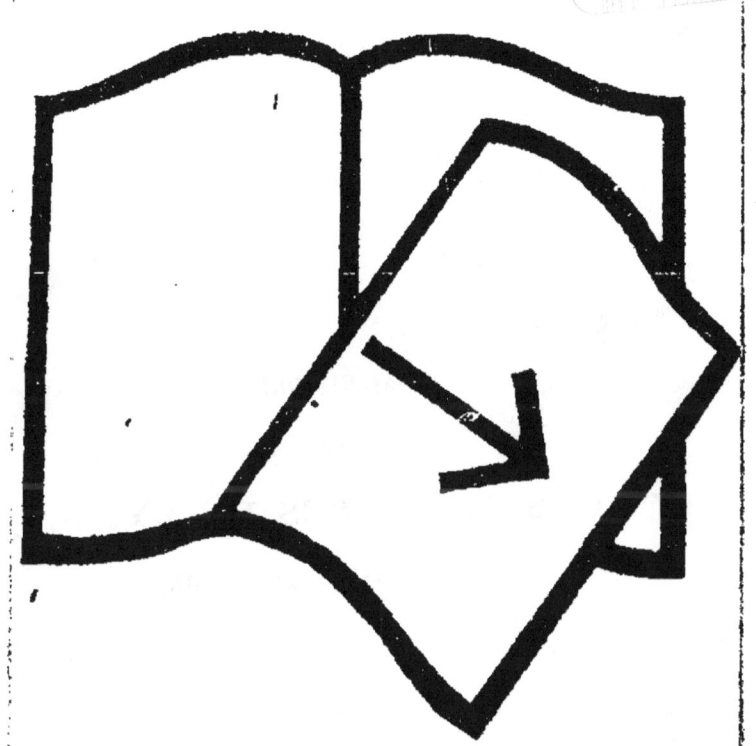

Couvertures supérieure et inférieure manquantes

ESSAI HISTORIQUE

SUR

LES VICOMTES DE LYON,

DE VIENNE ET DE MAÇON.

ESSAI HISTORIQUE

SUR

LES VICOMTES DE LYON,

DE VIENNE ET DE MACON,

DU IXe AU XIIe SIÈCLE,

Par Aug. BERNARD.

SAINT-ÉTIENNE
CHEVALIER, LIBRAIRE-ÉDITEUR
Rue Gérentet, 4.

1867

ESSAI HISTORIQUE

SUR LES

VICOMTES DE LYON, DE VIENNE ET DE MACON

DU IXe AU XIIe SIÈCLE,

Par Aug. BERNARD.

AVANT-PROPOS.

Le titre de vicomte a eu au moyen âge une foule d'acceptions différentes, suivant les temps et les lieux. Ducange en a fait connaître quelques-unes dans l'article *Vicecomes* de son Glossaire, et on pourrait l'augmenter de beaucoup; mais la chose est sans intérêt pour nous, car, dans la zone territoriale dont nous allons nous occuper, le titre de vicomte n'eut que son sens le plus naturel, celui de représentant du comte, spécialement dans ses fonctions judiciaires et administratives. Les vicomtes y furent d'abord nommés par les comtes; mais peu à peu, comme ces derniers, ils devinrent héréditaires et même territoriaux, c'est-à-dire qu'ils eurent dans le comté un territoire particulier, appelé *vicomté*, ressortissant plus directement d'eux, sans qu'ils cessassent, toutefois, de représenter le comte dans les plaids publics, etc. Peu à peu, cependant, leurs fonctions se restreignirent d'elles-mêmes ou furent tout à fait supprimées par la force des choses : elles ne paraissent pas avoir survécu au onzième siècle.

Le sujet que nous abordons aujourd'hui n'a encore été l'objet d'aucun travail spécial ; nous ne sommes pas nous-même fort riche sur la matière ; mais nous pensons que la meilleure manière d'appeler les documents, c'est de faire connaître ceux que nous possédons. Nous apportons notre contingent de renseignements, non toutefois sans éprouver quelque regret d'avoir si peu à dire sur un sujet si intéressant, mais avec l'espoir que d'autres feront mieux. Presque tout ce que nous savons nous l'empruntons aux chartes de Cluny que nous avons recueillies depuis vingt ans.

§ I. *Vicomtes de Lyon et de Forez.*

Dès le commencement du neuvième siècle nous voyons le *pagus Lugdunensis* administré par un vicomte. Dans une lettre adressée à Louis le Débonnaire, vers l'année 815, pour se plaindre de l'insolence des Juifs, l'archevêque de Lyon, Agobard, leur grand adversaire, dit qu'il a reçu, ainsi que le lieutenant du comte, un diplôme favorable à ces religionnaires, à l'encontre de lui-même, mais qu'il n'ose croire émané de l'empereur, quoiqu'il soit signé de son nom et scellé de son sceau [1].

Ailleurs, le même prélat nous apprend que le comte Bertmund, qui vivait vers l'an 830, s'est adjoint un vicomte pour le suppléer dans son administration. Il ajoute que ce dernier se comporte si bien, non-seulement par respect pour son seigneur, mais, ce qui est encore plus digne d'éloges, par amour de Dieu et de la justice, qu'on n'a jamais vu dans le pays les choses marcher aussi promptement, et néanmoins traitées avec plus de soin [2].

M. de Gingins, faisant allusion à ce passage d'Agobard [3], prétend que Bertmund fut le premier comte de Lyon qui s'adjoignit un vicomte. Agobard ne dit pas

---

[1] « Venientes itaque primum Judæi, dederunt mihi indiculum ex nomine vestro, et alterum ei qui pagum Lugdunensem vice comitis regit, præcipientem illi ut auxilium ferret Judæis adversum me. Quos indiculos, licet ex sacro nomine vestro recitarentur, et vestro annulo essent sigillati, nullatenus tamen credidimus ex judicio vestro tales prodisse. » (*S. Agobardi opera*, édit. Baluz. t. 1, p. 61.) — Ce texte met en défaut les historiens qui prétendent que les vicomtes ne paraissent pas avant la fin du règne de Louis le Débonnaire. (Voyez Vaissette, *Hist. de Languedoc*, édit. in-fol., t. 1, p. 692, col. 2).

[2] « Cognoscat prudens benegnitas vestra (Matfredus proceres palatii) hæc a me dici non posse adversum comitem nostrum Bertmundum. Quippe qui bene satis habeat ordinatum de justiciis comitatum suum; eo quod talem virum pro se constituerit ad hæc peragendæ qui non solum propter amorem et timorem senioris sui id strenue geret, verum etiam, quod sublimius et laudabilius est, propter amorem Dei et amorem ipsius equitatis et justiciæ, ita ut videatur nobis in his partibus nusquam fieri tam diligenter et attente. » (*S. Agob. op.*, t. 1, p. 209.)

[3] *Essai historique sur la souveraineté du Lyonnais*, p. 8.

cela; au contraire, le premier passage de lui que nous venons de citer prouve qu'il y en avait eu au moins un auparavant. La chose était impossible autrement. Les comtes amovibles étaient de grands personnages qui vivaient presque toujours à la cour, comme les gouverneurs des provinces sous Louis XIV : il fallait bien quelqu'un pour administrer le pays pendant leur absence.

A cette époque, on le voit, le vicomte remplaçait le comte, qui, comme on sait, réunissait alors dans ses mains toutes les parties de l'administration : la justice, la guerre, les finances, etc. Certes, c'était là un champ assez vaste ; pourtant, pendant longtemps encore, ces fonctionnaires, essentiellement amovibles, n'eurent qu'un rôle subalterne, qui ne leur a pas donné l'occasion de nous transmettre leur nom. Ce n'est que sous le régime féodal qu'ils commencent à acquérir une certaine importance, et qu'on les voit figurer nominativement sur les actes, particulièrement dans les procès-verbaux des assises ambulatoires où se rendait alors la justice, assises qu'ils présidaient souvent aux lieu et place de leurs chefs.

Du reste, leur rôle était encore fort modeste. Dans certains pays, en Auvergne par exemple, nous voyons figurer jusqu'à quatre vicomtes à la fois, au dixième siècle, dans un même acte, ce qui semble amoindrir la fonction. Il se peut toutefois que cette qualification s'applique aux divers membres d'une même famille vicomtale, qui, elle, aurait conservé l'intégralité de cette fonction. C'est au moins ce qui se produisit pour les vicomtes du Velay (autrement dit les vicomtes de Polignac), et ceux de Narbonne, comme on le voit dans l'*Histoire de Languedoc*, de dom Vaissette (t. II, p. 548-50). En tout cas, il est certain que le titre de vicomte devint bientôt héréditaire, comme celui de comte et tant d'autres. Cette révolution s'opéra d'autant plus facilement que le régime féodal, qui rattachait tout à la terre, avait attribué à cette fonction une certaine étendu de territoire avec le titre de *vicomté*.

C'est ce qui ressort, pour le *pagus Lugdunensis* en particulier, de deux actes que nous allons faire connaître.

Le premier est le procès-verbal d'un plaid tenu le 24 mars 944, sous la présidence du comte et marquis Hugues, vice-régent du roi Conrad, et en présence de Léotalde, comte de Mâcon, de Charles-Constantin, comte de Vienne, de Guillaume II, comte Lyon, etc. Cet acte porte que les moines de Cluny comparurent devant cette assemblée, et se plaignirent d'Adémar, vicomte de Lyon, lequel leur contestait la seigneurie de Toissey et dépendances, prétendant que cette ville faisait partie de sa vicomté (*de suo vicecomitatu esse*), quoiqu'elle leur eût été cédée par le roi Conrad, dont ils exhibèrent le diplôme, daté du 23 avril 943. Adémar, dit l'acte, ayant entendu la lecture des lettres royales, voyant d'ailleurs que le marquis Hugues, son seigneur, à la prière duquel elles avaient été données l'année précédente, favorisait les moines de Cluny, et enfin n'ayant rien à objecter, renonça à ses prétentions. Et, afin qu'aucun des successeurs d'Adémar ne pût revenir contre sa renonciation, elle fut confirmée par Hugues et signée par tous ses *fidèles*. Mais les moines ne se contentèrent pas de la renonciation d'Adémar, corroborant le diplôme de Conrad. Ils prièrent Hugues, duc des Français, Hugues, duc de Bourgogne, et Léotalde, comte de Mâcon, d'obtenir du roi de France une donation de Toissey, afin d'éviter tout différend dans l'avenir; car ce prince prétendait avoir des droits sur tout le *pagus Lugdunensis*. Lothaire, son successeur, n'y renonça que longtemps après, lors du mariage de Mathilde, sa sœur, avec Conrad.

En conséquence, Louis d'Outremer donna, le 1ᵉʳ juillet 946, un précepte royal portant cession aux moines de Cluny, sur leur demande, d'une petite ville (*villulam*) de la *vicomté de Lyon*, située dans le *pagus Lugdunensis* et sur les bords de la Saône. Cette donation avait en réalité si peu d'importance pour le roi de France qu'on ne prit pas même le soin d'y nommer Toissey.

Cet acte n'en est pas moins d'un grand intérêt pour nous, car il corrobore le précédent, en affirmant de nouveau l'existence de la vicomté de Lyon et sa situation sur la rive gauche de la Saône. Mais quelle était l'étendue de cette circonscription? Quand fut-elle créée? C'est ce que nous ignorons complètement. Sur ce sujet, comme sur beaucoup d'autres, nous n'avons que justement assez de renseignements pour constater notre ignorance. Il semble pourtant, à en juger par un acte postérieur de près d'un siècle à celui que nous venons de citer, que la vicomté s'étendait sur toute la petite contrée qu'on appela depuis le pays de Dombes, d'un nom dont on ignore l'origine comme l'étymologie. L'acte dont je veux parler est une donation du château de Montmerle faite à l'abbaye de Cluny au onzième siècle par un vicomte Guy, qui dit le posséder héréditairement. Nous en reparlerons plus loin.

Si nous ignorons l'étendue de la vicomté de Lyon, nous sommes certains du moins qu'elle était située sur la rive gauche de la Saône, puisque Toissey en faisait partie. Il est également certain que le titre de vicomte de Lyon devint héréditaire au commencement du onzième siècle, s'il ne l'était déjà au dixième. Nous avons plusieurs actes qui, sans le prouver d'une manière positive, le font entrevoir. D'ailleurs, les vicomtés du Velay, de l'Auvergne, de Mâcon, de Vienne, etc., étant héréditaires alors, nous en pouvons conclure par analogie que celle de Lyon était aussi l'apanage d'une famille. Mais de quelle famille? La réponse à cette question n'est pas facile à faire. Si l'on en croit la tradition, c'est la famille connue plus tard sous le nom de Lavieu qui aurait possédé héréditairement la vicomté de Lyon; mais son nom même semble donner un démenti à la tradition, car Lavieu est bien loin du pays de Dombes, où nous avons vu que se trouvait le domaine vicomtal. Toutefois, on peut supposer qu'à la suite des guerres qui eurent lieu entre l'archevêque et le comte, et qui forcèrent celui-ci à transférer le chef-lieu de son fief à Montbrison, le vicomte, suivant la même fortune, quitta les environs de Lyon pour ceux de Montbrison. C'est une question qui pourrait être facilement résolue si nous avions un bon travail sur la maison de Lavieu; malheureusement nous ne possédons rien de semblable. On ignore même le nom patronimique de cette famille. Nous croyons cependant que c'était celui de *Ronins* (1), qu'on retrouve quelquefois dans les actes des XII° et XIII° siècles. Il paraît, au reste, que ses membres portaient aussi celui de *Palatins* (2).

Quant à l'histoire même des vicomtes de Lyon, elle nous est tout aussi inconnue. C'est à peine si nous possédons une liste bien incertaine de ces fonctionnaires. Nous allons néanmoins la donner ici telle quelle, afin de faciliter des recherches ultérieures auxquelles d'autres personnes pourraient se livrer.

Après *Adémar*, que nous avons déjà nommé, nous trouvons un *Arnulphe*, qui assista à un plaid tenu par le comte Giraud, à Riotier, en 970, et dans lequel

---

(1) Il y aurait peut-être un rapprochement à faire entre ce nom, que De la Mure attribue aux Lavieu, et celui de Reneins (Saint-Georges-de-Reneins), qui paraît avoir appartenu aux vicomtes de Lyon, comme on le verra plus loin, et dont le nom ancien était *Ronincum*.

(2) Voy. De la Mure, *Histoire du dioc. de Lyon*, p. 804.

une dame Aïlmodis fit donation de quelques terres à Cluny. Peut-être la présence d'Arnulphe fut-elle jugée nécessaire à cause de la situation de plusieurs de ces terres, qui, se trouvant sur la rive gauche de la Saône et dans les paroisses de Juifs, d'Ars, etc., pouvaient faire partie de la vicomté de Lyon, aussi bien que Toissey.

Après Arnulphe, nous ne trouvons plus rien, jusqu'à l'an 1020 environ, si ce n'est la mention assez vague de deux vicomtes dans l'obituaire de l'église de Lyon, que vient de publier M. Guigue (1). L'un de ces vicomtes, appelé *Artaud*, est inscrit dans l'obituaire à la date du VIII des calendes d'avril (24 mars), comme ayant donné Lucenay (*Lucennacum*) à l'église de Lyon; l'autre, appelé *Erulphe*, est mort le XVII des calendes de décembre (15 novembre). Suivant l'usage, on a négligé de relever les millésimes sur l'obituaire; mais il n'y a pas de doute que ces vicomtes ont vécu dans le dixième siècle. Nous les placerons approximativement le premier vers l'an 980 et le second vers l'an 1000, en attendant que quelque autre document nous permette de leur assigner leur véritable place.

Sous le comte Giraud, nous trouvons un Guy senior (*Wigo senior*) que nous mettons sans hésiter au nombre des vicomtes de Lyon, quoique ce titre ne lui soit pas donné positivement. Notre opinion se fonde sur ce que ce personnage approuve immédiatement

---

(1) In-4°, 1867, librairies de N. Scheuring et de Cathabar.

après le comte une donation de l'église de Saint-Saturnin d'Arnas faite à l'abbaye de Savigny vers 1020, pour le repos de l'âme d'un nommé Fredelan, par ses fils Hugues et Bernard, et par sa sœur Adzeline, abbesse (du monastère de Péloges?). Le titre de *senior* qu'il prend ici indique qu'il avait déjà un héritier, voire même un associé du même nom, probablement son neveu (1). En tout cas, nous voyons un Guy vicomte (*Wigo vicecomes*) approuver peu de temps après la cession de la moitié de l'église d'Arnas faite à l'abbaye de Savigny par Astrude (qui avait succédé à Adzeline dans les fonctions d'abbesse), après toutefois que la fille de Fredelan, Raimonde, et son mari, Guy, seigneur de Belmont (*miles de Belmonte*), eurent aussi cédé leur part sur cette église. Ce dernier acte, qui est de 1033 environ, fut passé pardevant les archevêques de Lyon et de Vienne, l'évêque de Grenoble, le vicomte Guy et beaucoup d'autres grands personnages *principes* qui de plus le signèrent. (Voyez le *Cartulaire de Savigny*, ch. 644 à 648.)

Nous avons plusieurs chartes de Cluny approuvées et signées par ce vicomte (l'une d'elles avec la date de

---

(1) C'est ainsi que, dans plusieurs chartes de Cluny, nous voyons donner le titre de *senior* à Guillaume le Pieux, comte d'Auvergne, pour le distinguer de Guillaume son neveu, comte d'Auvergne après lui, et qui est qualifié de *junior*. Dans ce cas, *senior* ne veut pas dire vieux, mais le *premier*. C'est ainsi encore qu'on appelle parfois dans les mêmes documents *seniores* les principaux moines de l'abbaye de Cluny, ceux qui la dirigeaient.

1022); mais il est inutile de s'en occuper en présence d'actes beaucoup plus importants émanés de lui-même.

Le plus intéressant de tous est une donation qu'il fit, vers l'an 1030, à l'abbaye de Cluny pour le repos de son âme, de celle de son père Bérard, de sa mère Blismode, de sa femme Eufémie, de son frère Guichard, de ses enfants et de tous ses parents.

Cette donation consistait en deux héritages : l'un à Reneins en Lyonnais (Saint-Georges-de-Reneins), joignant la rivière de Saône d'orient, la terre de Saint-Martin (l'abbaye de Savigny, à laquelle nous venons de voir qu'on avait donné l'église d'Arnas) de midi, le grand chemin (la route de Bourgogne) d'occident, et la rivière la Vausonne de nord; l'autre à la Celle-Neuve (la Maison-Neuve?) en Mâconnais, provenant d'Aldon et d'Arnulphe, son fils, qui l'avaient cédé à Nardouin vicomte (de Mâcon) et à Eufémie, sa fille, femme de Guy. On voit par là que les familles vicomtales s'alliaient entre elles. Elles s'élevaient même quelquefois plus haut, car les comtes héréditaires de Mâcon descendaient d'un vicomte de Narbonne qui avait épousé la fille du dernier comte amovible, précédemment vicomte lui-même.

Quoi qu'il en soit, on voit que les possessions du vicomte de Lyon dans le Mâconnais étaient parfaitement justifiées. On ne sera donc pas surpris de voir ce même vicomte et sa femme Eufémie donner à Saint-Vincent de Mâcon, vers le même temps (1020-

1030), quelques biens situés dans le Mâconnais. (Voyez *Cartulaire de Saint-Vincent de Mâcon*, ch. 113.)

Nous venons de voir que Guy Ier avait des enfants. L'un d'eux, portant le même nom, lui succéda vers 1038. Ce vicomte, dont nous avons déjà parlé, et que nous appellerons Guy II, épousa une dame Ermessinde, avec l'agrément de laquelle il donna à l'abbaye de Cluny, vers 1039, le château de Montmerle et ses dépendances, qui lui appartenait par droit héréditaire (*juro hereditario*), un manse à Liver, et toutes les condamines qu'il possédait au même titre à Reneins (Saint-Georges-de-Reneins). L'acte est signé par Hugues et Théobald, comtes de Châlons, amis et parents du donateur, comme on l'apprend des termes mêmes employés par ce dernier dans la souscription : « Manu mea firmavi manibusque amicorum et pro-« pinquorum meorum tradidi roborandum. » Cette donation ne paraît pas cependant avoir reçu son effet, car nous allons voir que le château de Montmerle était encore aux mains d'une branche cadette de cette famille en 1096.

De la Mure mentionne également un vicomte Guy (*Wigo*), dont il avait trouvé l'indication dans l'obituaire d'Ambierle, aujourd'hui perdu, et sur lequel il était porté à la date du xi des calendes de février (22 janvier). Selon cet auteur, le personnage en question était de la famille de Lavieu, et épousa Rotulphe, fille aînée de Giraud II, comte de Forez (1). Nous ne faisons pas de difficulté d'admettre ce vicomte, quoique nous n'ayons pas de renseignements particuliers sur lui. Quant au nom de Lavieu, que De la Mure lui donne, il faut l'entendre, suivant nous, en ce sens que ce fut le premier membre de la famille des vicomtes qui vint se fixer à Lavieu, près de Montbrison, où les comtes avaient établi leur résidence depuis leurs querelles avec l'archevêque au sujet des droits régaliens dans la ville de Lyon. Sans doute les comtes avaient jugé convenable d'établir les vicomtes près de leur résidence féodale, et le mariage de Rotulphe put aider à la chose. Ce qu'il y a de certain, c'est qu'on ne voit plus les vicomtes agir dans l'ancien vicomté à partir du milieu du onzième siècle. Bien mieux, nous voyons alors le château de Montmerle aux mains d'une famille qui en portait le nom, suivant l'usage qui commençait à s'introduire. Or cette famille était une branche cadette de la maison des vicomtes, qui paraît être restée en possession d'une portion du fief de ces derniers. Voici sur quoi je fonde cette opinion.

Le 12 avril 1096, Achard de Montmerle, fils de

---

(1) Dans son *Histoire des ducs de Bourbon*, De la Mure cite encore un vicomte Archambaud, mentionné dans l'obituaire d'Ambierle; mais ce personnage ne peut être qu'un vicomte de Mâcon, de la famille des Le Blanc, à laquelle appartenait encore Ambierle en 1180, comme nous le verrons en son lieu. Les éditeurs de De la Mure font mourir cet Archambaud le 25 *des nones* de mars. De la Mure n'a pu écrire cela; il savait, comme tout le monde, qu'aucun mois n'avait de 25 des nones. Il nous est impossible aujourd'hui de rétablir cette date, les manuscrits de De la Mure ne se trouvant plus dans la bibliothèque de Montbrison.

Guichard *(qui et ipse dictus est de Montemerulo)*, voulant aller à la croisade *(ad belligerandum contra paganos et sarracenos pro Deo)*, donna en gage à l'abbé de Cluny tout ce qu'il possédait à Lurcy *(in villa Luherciaco)*, près de Montmerle, pour deux mille sous lyonnais et quatre mules, à la condition que personne autre que lui ne pourrait reprendre le gage en remboursant les avances, et que même, dans le cas où il reviendrait, s'il mourait sans enfant légitime, les moines resteraient nantis : et c'est ce qui arriva, car Lurcy appartenait déjà à Cluny dès le treizième siècle, et lui appartenait encore au dix-huitième, comme on peut le voir dans les pouillés du diocèse de Lyon que nous avons publiés à la suite du *Cartulaire de Savigny*.

Nous venons de voir qu'Achard se dit fils de Guichard de Montmerle. Or ce Guichard, qui, le 19 avril 1066, donna à l'abbaye de Romans (*Cartul.* ch. 60) l'église de Saint-Didier de *Vendonissa*, autrement dit de *Formans*, sur les bords de la Saône, n'est pas autre, suivant nous, que Guichard, frère de Guy Ier, mentionné précédemment, et à qui on avait donné le château de Montmerle comme apanage particulier.

Nous terminerons notre liste des vicomtes par Gaucerand de Lavieu, sur lequel, dit-on, fut confisqué la vicomté, dans les circonstances que nous allons raconter. Au reste, l'existence de ce dernier est incontestable. Nous avons une charte antérieure à 1106 où il agit comme lieutenant du comte, sans prendre aucun titre cependant : c'est un acte de donation des

églises d'Affoux et de Longes-Saignes, faite à l'abbaye de Savigny par un certain Guillaume, et approuvé par Gaucerand en ces termes : « Hoc etiam laudavit Gau-
« ceranus de Laviaco, et hanc cartam firmari jussit et
« scribi [1]. »

Suivant la tradition, ce seigneur avait pour épouse une dame d'une grande beauté. Le comte Guillaume IV, en étant devenu amoureux, lui fit plusieurs déclarations qu'elle repoussa. Un jour que le vicomte de Lavieu était absent, notre jeune prince vint voir la vicomtesse et lui renouvela ses instances. Mais il éprouva de nouveaux refus. Irrité peut-être de cette résistance, et se confiant à son rang, il osa arracher par la violence ce qu'on refusait à ses prières. A son retour, le vicomte apprend de sa femme éperdue ce qui s'était passé pendant son absence. Il se résout aussitôt à laver son injure dans le sang du coupable, et se rend pour cela au château de Montbrison. Les devoirs de sa charge lui donnant accès à toute heure auprès du comte, on le laissa parvenir sans défiance dans la chambre de ce dernier. Trouvant le comte endormi, il le poignarde dans son lit, et se retire sans rien dire à personne. Mais quelques serviteurs, ayant eu occasion d'entrer dans la chambre du comte, découvrirent le crime. Aussitôt l'alarme est donnée. On court après le meurtrier; il est atteint et tué près de la grande porte du château, sur une place qui porte encore le nom de *Barrière*. Suivant une autre version,

---

[1] *Cartulaire de Savigny*, ch. 836.

le vicomte parvint à s'échapper, grâce à la vitesse d'un cheval qu'il avait fait tenir tout prêt sur cette même place. Mais les deux versions s'accordent à dire que la vicomté fut confisquée. Ce qu'il y a de certain, c'est que nous ne retrouvons plus aucune trace de cette institution, et que le château de Lavieu, qui conserve encore le titre de vicomté dans les terriers, fit dès lors partie du domaine des comtes, et n'eut plus que le rang de simple châtellenie.

Voici la filiation probable des derniers vicomtes de Lyon :

Bérard-Blismode.

Guy Ier, vicomte de Lyon, mari d'Eufémie, fille de Nardouin, vicomte de Mâcon. (1020-1038.)	Guichard de Montmerle. (1030-1070.)	
Guy II, vicomte de Lyon, mari d'Ermessinde. (1039-1060.)	Achard de Montmerle. (1070-96.)	Girberge, femme de Bernard *de Chaycheo*, 1096 (ou de Chachez, 1106.)
Guy III, vicomte de Lavieu, mari de Rotulphe, fille de Giraud II, comte de Forez. (1060-1095.)		Achard de Chachez, enfant en 1106.
Gaucerand de Lavieu, vicomte. (1095-1107.)		

§ II. *Vicomtes de Vienne.*

M. de Gingins a donné, à la suite des *Hugonides*, une généalogie des vicomtes de Vienne ; mais cette généalogie n'est pas exacte, et ne fait d'ailleurs connaître qu'une partie des vicomtes de Vienne. Nous allons en donner ici une liste moins incomplète, en nous aidant surtout des chartes de Cluny qui font partie de notre collection. Ainsi qu'on le verra plus loin, les vicomtes de Vienne, comme ceux de Lyon, eurent à une certaine époque l'administration spéciale d'un petit territoire qui portait le titre de *vicomté*, et qui était situé au nord-est de Vienne, puisque Serpaize en faisait partie. M. de Gingins (1) prétend que les vicomtes de Vienne étaient chargés d'administrer les cantons du comté situés à la droite du Rhône, c'est-à-dire ceux d'Annonay, de Quintenas, de Bourg-Argental, etc. Mais il n'appuie son assertion sur rien. Il n'est pas impossible toutefois que les vicomtes aient eu des fiefs particuliers dans cette partie du comté. Nous verrons en effet les vicomtes de Mâcon posséder des terres vicomtales en différents endroits du Mâconnais.

Quoi qu'il en soit, le premier vicomte de Vienne que nous fasse connaître nos chartes de Cluny est un nommé Angilboton, qui figure dans un plaid tenu à

---

(1) *Besonides,* p. 147.

Vienne, au mois d'avril 870, par le fameux Gérard de Roussillon (comte pour l'empereur Louis II), l'archevêque Adon, et un concours extraordinaire de juges, de vicaires, de bonshommes, etc. Ce document est des plus curieux, mais à un autre point de vue que celui qui nous occupe en ce moment ; nous n'en parlerons donc pas ici.

Il est probable que les fonctions d'Angilboton cessèrent en même temps que celles de Gérard de Roussillon, son chef, qui fut, comme on sait, forcé de livrer Vienne à Charles le Chauve, la veille de Noël 870.

Ce prince nomma aussitôt comte de Vienne, pour remplacer Gérard de Roussillon, son beau-frère Boson, et celui-ci prit pour vicomte un nommé Erluinus ou Erlulfus, mentionné dans la notice d'un plaid qu'il tint à Vienne même avec l'archevêque Adon, vers l'an 876. Cette notice est tirée du cartulaire de l'église de Vienne, et débute ainsi : « Veniens
« Vuitfredus, ecclesiæ sancti Mauricii advocatus, pu-
« blice in Viennam civitatem, in præsentia domini
« Ardoini (Adonis), ejusdem ecclesiæ venerabilis
« archiepiscopi, et Erluini (Erlulfi?), vice-comitis,
« missi illustris Bosonis, comitis, vel judicum qui ibi
« adherant, » etc., (1).

(1) D'Achery. *Spicil.*, édit. in-4°, t. XII, p. 154. Voyez aussi Ducange, *Gloss.*, v° *Vicecomes*. Cette charte se trouvait dans le cartulaire de Saint-Maurice de Vienne, aujourd'hui détruit et auquel, par conséquent, il n'est pas possible de recourir pour rectifier des erreurs de transcription évidentes.

Nous ne savons rien de plus sur ce personnage, dont nous n'avons pas même le nom certain. On voit qu'il remplaçait le comte Boson, qui se fit roi un peu plus tard dans ces contrées.

On ignore si Erluinus était parent de Berlion (1), qui suit, mais la chose est possible ; en tout cas, il est certain qu'à partir d'ici la vicomté fut héréditaire.

Berlion Ier, vicomte de Vienne dès l'année 889, suivant M. de Gingins, reçut de Louis l'Aveugle, par un diplôme du xv des calendes de mai (17 avril) 902, quelques portions du fisc royal situées dans le Viennois, c'est à savoir *villas Pontianam et Cabannacum*, que M. de Gingins croit être Chavannay et Ponsas, situés au-dessous de Vienne, sur la rive droite du Rhône. L'acte porte que la donation est faite à titre héréditaire *(jure hæreditario)* à Berlion, qualifié *irrevocabili fideli nostro* (2).

---

(1) Suivant certains auteurs, Berlion serait fils de Thibaut, comte d'Arles, et frère de Hugues, comte de Provence, puis roi d'Italie ; mais cette généalogie est tout-à-fait problématique.

(2) De Gingins, *Bosonides*, p. 153. Après la date d'année (902), l'acte porte : « Etiam imperii D. nostri Hludovici Aug. » M. de Gingins propose de lire *tertio* au lieu d'*etiam*, qui n'a aucun sens, c'est-à-dire « l'an trois de l'empire de Louis l'Aveugle », ce qui nous reporterait au 17 avril 903 nouveau style. L'année 902, ancien style, s'étendit en effet jusqu'au 17 avril 903. Reste à savoir si ce mode de comput était déjà admis alors. J'ajouterai que M. de Terrebasse m'a communiqué une copie portant *XI* et non *XV des kal. de mai*, ce qui rend la proposition de M. de Gingins inadmissible, car alors il s'agit non du 17, mais du 21 avril, qui ne pouvait être compris dans l'an 902 ancien style. — En plusieurs endroits de ses *Bosonides*, M. de Gingins dit Berlion parent de Hugues, roi d'Italie en 926 ; mais il n'en fournit pas la preuve.

Berlion épousa : 1° Girberge, fille d'Hector, dont la famille est inconnue; 2° Ermengarde de Lorraine ;

De Girberge, il eut :

1° Ratburne, qui lui succéda;

2° Hector, évêque du Puy (924-27), ainsi nommé sans doute du nom de son aïeul maternel.

D'Ermengarde, il eut :

3° Sobon, archevêque de Vienne (931-52);

4° Engilbert ou Ingilbert, que M. de Gingins qualifie de *vicomte de Vienne et de comte en Italie de 934 à 945*, mais qui ne porte aucun titre dans les actes de lui ou relatifs à lui que nous possédons. Ces actes sont les suivants : 1° un diplôme de Louis l'Aveugle, daté de 920, par lequel ce prince donne à Ingilbert, *son fidèle,* sur la requête du comte et marquis Hugues, un curtil et une vigne tenant ensemble, *in villa Salpatia, in pago Viennensi,* lesquelles propriétés dépendaient de la *vicomté de Vienne,* dans le comté dudit Hugues *(ex rebus de comitatu ipsius quæ pertinent ad vicemcomitatum).* Ce document est de la plus grande importance, car il nous apprend que Hugues, vice-gérant du roi Louis l'Aveugle, avait le titre de comte de Vienne, que reçut après lui Charles-Constantin, fils de ce dernier, et qu'il y avait une vicomté dont Serpaize faisait partie. Or cette vicomté, dont Berlion, frère d'Engilbert, était alors pourvu, se trouvait, comme l'indique le village nommé, au nord de Vienne. — 2° Par un autre diplôme, du 25 décembre 923 (?), Louis l'Aveugle donna à Ingilbert, *son fidèle,* et à sa femme Nonia (*Nonianæ*), quelques propriétés à Ternay, etc. (*sunt vero ipsæ res in comitatu Viennensi seu et in Lugdunensi, — villa quæ nuncupatur Taderniaco.*) — 3° Engilbert est nommé, ainsi que son frère Ratburne, vicomte, dans un acte du mois de mai 935, à propos de donations faites à Cluny de propriétés situées à Bracost, et qui confinaient à celles des deux frères. — 4° Dans un acte de juillet 941, par lequel il fait à Cluny donation de terres en divers lieux, et particulièrement à Ternay et sous les murs de Vienne, Engilbert nomme son fils *Berlion*, sa mère Ermengarde, son frère Sobon, archevêque de Vienne, ses deux premières femmes Emmelt et Nonia, et son fils Teutbolde, qui doit appartenir à l'une d'elles et non à une troisième femme, Teutberge, que lui donne M. de Gingins en 941 (1), mais qui n'est pas nommée ici. L'acte est signé par Ratburne, qui ne prend aucun titre, mais qui ne peut être que son frère le vicomte.

Suivant M. de Gingins, le fils d'Engilbert fut margrave de Spolète et de Comerino, de 929 à 935, époque de sa mort; il aurait épousé une dame (anonyme) remariée en 940 au comte Sarillon (ou Sarlion). Nous ne pouvons rien dire à ce sujet; seulement, nous voyons en mai 976 un *Teudbodus* signer avec un Ber-

---

(1) Suivant M. de Gingins, *Bosonides*, p. 226, Engilbert serait mort en 942, et sa veuve aurait épousé Charles-Constantin, comte de Vienne, fils de l'empereur Louis l'Aveugle. Dans les *Hugonides*, p. 92, il fait d'Engilbert un comte, mais sans en fournir la preuve, car une similitude de nom n'est pas une preuve.

lion sans qualification un acte de donation à Cluny de propriétés situées à Vienne. Nous pensons qu'il s'agit des deux cousins de la famille des vicomtes.

M. de Gingins donne encore à Berlion un cinquième enfant, Ratfred (de lit inconnu), abbé de Farfa de 929 à 935.

Baluze lui donne, de son côté, une fille Gausberge, qui aurait épousé Gérard de la Tour-d'Auvergne.

Revenons à l'aîné.

Ratburne, fils aîné de Berlion I*er*, lui succéda dans la vicomté de Vienne, vers l'an 912 (*Hugonides*, p. 20 et 34). Il signa, le 18 novembre an 927, une charte de donation faite par une dame Ermengarde à l'église de Vienne, et transcrite dans le cartulaire de cette église (fol. 44). Il est nommé, ainsi que son frère Engilbert, dans un acte de Cluny du mois de mai 935, portant donation de propriétés situées dans le village de Bracost (*in villa Bracosto, in pago Viennensi*). On y voit que les propriétés données étaient confinées d'un côté par celles du vicomte et de son frère (*terra Ratburni vicecomitis et Ingelberti*). — Le 1er octobre 942 (?), de concert avec sa femme, Vualda, il donne à l'abbaye de Cluny l'église de Saint-Martin, située *in villa quæ nominatur Landadis, in pago Viennensi*. — Au mois de mars 945, Ratburne signe un acte par lequel un nommé *Sicherius* se donne lui-même à l'abbaye de Cluny, en remplacement d'un serf de ce monastère qu'il avait tué. — En mai 945, Ratburne et sa femme Vualda renouvellent et amplifient leur donation du 1ᵉʳ octobre 942. — Le 22 septembre 976 ⁽¹⁾, Ratburne, d'accord avec sa femme *Vuilla*, qui n'est probablement pas autre que Vualda, donne à l'abbaye de Cluny l'église de Chandieu, près de Vienne, qui est dite *in pago Lugdunensi*. Dans cet acte, Ratburne nomme son aïeul (maternel) Hector, sa mère Girberge, son frère Hector, évêque du Puy, et son fils Berlion. — Le 1ᵉʳ mars 977, Ratburne, étant à Vienne, fit encore à l'abbaye de Cluny, en présence de Teutbalde, archevêque de Vienne, la cession de tout ce que lui et sa femme *Vilia* prétendaient sur une terre qui avait appartenu jadis à un nommé Bernon, et qui était située *in villa Camponica* (Chaponnay?).

M. de Gingins a fait deux individus de ce Ratburne : le premier marié à Vualda (927-942); le second, fils du premier, marié à Vuilla (976-978). Les détails dans lesquels nous venons d'entrer mettent à néant cette distinction. Le prétendu Ratburne II nous apprend qu'il était fils de Girberge et non de Vualda, et frère d'Hector, évêque du Puy. Les deux femmes de Ratburne, Vualda et Vuilla, n'en font probablement qu'une. A la vérité, cela donne une longévité peu ordinaire, mais non pas impossible, à Ratburne. En supposant qu'il fût né en 896, il n'aurait eu que 82 ans en 978.

---

(1) Baluze, qui a publié cet acte au tome II de son *Histoire de la maison d'Auvergne*, lui donne une date bien antérieure, par suite d'une mauvaise lecture. Il a cru voir *Anno VI Conradi regis*, tandis qu'il y a *Anno XI*.

Quoi qu'il en soit, on voit que Chorier et les autres historiens qui ont fait Vualda fille de Conrad le Pacifique étaient dans l'erreur ; ce prince n'avait que quinze ans environ en 937, et ne pouvait avoir une fille mariée en 942.

Ratburne eut deux fils :

1° Ratburne, qui mourut probablement avant son père, ou n'était pas l'aîné, car on trouvait naguère dans le cartulaire de Vienne un acte de donation où ce personnage ne prend pas le titre de vicomte, mais où il se dit neveu de l'archevêque Sobon. Par cet acte, Ratburne donne à l'église de Vienne une propriété située *in villa Areto*, en Viennois, propriété qu'il dit tenir de son oncle Sobo (quam dominus Sobo, archiepiscopus et avunculus [1] meus, mihi contulit). L'acte est daté du règne de Conrad (937-993), et probablement antérieur à 978 ; il est signé par Berlion, frère de Ratburne, sans doute : *signum Berillonis*, sans qualification.

2° Berlion, qui suit.

Berlion II succéda à son père après l'an 977 ;

---

[1] Rigoureusement, ce mot semblerait indiquer que le second Ratburne n'était pas le fils du premier, mais d'une de ses sœurs, attendu qu'en bon latin *avunculus* veut dire oncle maternel, à la différence de *patruus*, qui désigne l'oncle paternel; mais on n'était pas si rigoureux sur la valeur de ces deux mots au moyen âge, et le mot *avunculus* était employé dans les deux cas, ainsi qu'on peut le voir dans le Glossaire de Ducange ; c'est pourquoi nous n'avons en français que le même mot (oncle, dérivé d'*avunculus*) pour exprimer les deux degrés de parenté.

mais il figure déjà comme témoin, avec son cousin Teudbolde, dans l'acte d'une donation faite à l'abbaye de Cluny au mois de mai 976, acte dans lequel on voit aussi paraître un comte Humbert dont ne parle pas l'*Art de vérifier les dates*, et que M. de Gingins croit la souche de la maison de Savoie (*Bosonides*, p. 231).

M. de Gingins dit que Berlion II épousa une dame appelée Leutgarde, d'après un titre de Cluny que nous ne possédons pas. Il nomme ensuite :

Berlion III (*filius Berillonis et Leutgardæ*), qui épousa Ildegarde en 1032, toujours d'après le même titre de Cluny ; et enfin les fils de Berlion III :

Albert et *Artaud*, cités également dans cet acte de 1032.

M. de Gingins pense que la famille des vicomtes de Vienne fut la souche des seigneurs de Chandieu, en Viennois. — Nous n'avons pas à nous occuper de cette prétention. Nous dirons seulement que la vicomté paraît avoir été supprimée au onzième siècle, car nous n'en voyons plus trace au douzième.

§ III. *Vicomtes de Mâcon.*

Comme les comtés de Lyon et de Vienne, le comté de Mâcon eut une vicomté territoriale, mais la démarcation de cette vicomté est aussi indéterminée que celle des deux autres. Sa situation est toutefois indiquée d'une manière générale dans un acte publié par extrait dans la Chronologie des évêques de Mâcon, de Severt (p. 118). On voit dans cet acte, daté de Mâcon et du règne de Philippe Ier, que le vicomte Hugues le Blanc donna, du consentement du comte Guy, son seigneur (*seniori meo*), à l'église de Saint-Pierre, qui était située hors des murs et à l'occident de la ville, une chapelle dédiée à saint André, apôtre, avec sa verchère, lesquelles choses, dit-il, sont situées dans ma vicomté (*sunt autem eæ res de vicecomitatu quem teneo*). Or cette chapelle de St-André ne peut être que

Saint-André de Villers, canton de Charlieu (Loire), la seule église de ce nom, située dans le diocèse de Mâcon, qui dépendit jadis du chapitre de Saint-Pierre de Mâcon. (Voyez le pouillé du diocèse de Mâcon que nous avons publié à la suite du *Cartulaire de l'abbaye de Savigny*, t. II, p. 1046.)

Peut-être la vicomté embrassait-elle toute cette portion du comté de Mâcon dont Charlieu était le chef-lieu (1), et qui, formant une châtellenie royale sous Philippe-Auguste, longtemps avant l'acquisition par la couronne du comté même de Mâcon, fut détachée de bonne heure de ce comté, et rattachée au Lyonnais, dont elle porte le nom sur la carte de Cassini. La main-mise de Philippe-Auguste indiquerait la suppression de la vicomté, qui en effet ne paraît plus après 1180. Nous reviendrons plus loin sur ce sujet.

Le premier vicomte de Mâcon que nous connaissions est *Raculfe* (2), qui succéda comme comte (vers 905) à Léotalde, sous lequel il avait rempli ses fonctions vicomtales. Raculfe, ainsi qu'on l'apprend du cartulaire de Saint-Vincent de Mâcon (ch. 7), maria sa fille

---

(1) La charte 183 du cartulaire de Saint-Vincent de Mâcon signale aussi l'existence d'une terre *vicomtale* dans la banlieue de Mâcon, sur les bords de la Saône et près de la terre du comte.

(2) Une charte du cartulaire de Saint-Vincent de Mâcon (n° 152), de 880 environ, mentionne un Léotalde, comme *missus* d'un comte Guillaume; mais ce titre est-il l'équivalent de vicomte ? C'est ce que nous ne croyons pas.

Tolosane ou Etolana à un vicomte de Narbonne appelé Albéric, qui fut comte après lui (1), vers 920, suivant l'*Art de vérifier les dates*, ou seulement après la mort de l'évêque Bernon (c'est-à-dire en 937), suivant le cartulaire cité plus haut; mais on a des actes qui prouvent qu'il était en exercice longtemps avant ces deux dates. Albéric fut la souche des comtes héréditaires de Mâcon. Son introduction n'eut pas lieu toutefois sans contestation, si l'on en juge par les expressions du cartulaire : « Albericus Narbonensis, qui, « accipiens filiam Raculfi vicecomitis, post mortem « domini Bernonis, Matiscensis episcopi, comitem se « fecit. » *Il se fit comte après la mort de Bernon*, ce qui semble dire qu'il profita de la mort de l'évêque pour s'installer. Sans doute les évêques de Mâcon, comme beaucoup d'autres prélats, aspiraient à s'emparer des droits régaliens dans leur ville épiscopale, et regrettaient de n'y pouvoir parvenir.

Etienne vient après Raculfe. Il figure comme signataire dans un acte du cartulaire de Saint-Vincent de Mâcon (ch. 354) antérieur à 923, car il est daté du règne de Charles le Simple. Etienne exerça sans doute ses fonctions sous le comte Raculfe.

Mayeul paraît avoir succédé à Etienne; toutefois nous ne le voyons pas figurer dans les actes datés

---

(1) Ces exemples de vicomtes devenant comtes ne sont pas rares dans les premiers temps de l'institution. Lambert, premier comte héréditaire de Châlon, était fils de Robert, vicomte d'Autun.

avant 936 (1). Il est mentionné deux fois dans les actes du cartulaire de Saint-Vincent. Dans le premier (ch. 185), de date incertaine, il préside, à Mâcon, un plaid public dans lequel fut réglé la question d'héritage entre la femme et les enfants d'un certain Landry; dans le second (ch. 356), qui doit être de 936 (car on y mentionne l'évêque Bernon, mort en 937, et le roi Louis d'Outremer, qui ne commença à régner qu'en 936), il paraît comme simple témoin. — Au mois de mai 936 Mayeul signe après le comte Léotalde un acte portant donation, en faveur de Cluny, de biens situés à Farenx, sur la rive gauche de la Saône. — Le 24 mai de la même année il assiste l'évêque Maimbode dans un plaid public tenu à Mâcon, et où un certain Rainaud fit une restitution à Cluny. — Le lendemain il signe deux actes de donation faites à la même abbaye par Hubert ou Humbert, prévôt de Saint-Vincent de Mâcon. — Le 8 octobre il assiste le comte Léotalde dans un plaid tenu par lui à Mâcon, et dans lequel une dame Vandelmonde fait restitution à Cluny de biens situés à Sennecé. — Au mois de juin 949 il signe après le comte une donation faite à Cluny, par Nardoin et sa femme Aya, d'un manse situé à Belmont (Loire). L'original de cette

---

(1) On voit paraître dans un acte du cartulaire de Saint-Vincent de Mâcon (ch. 501), de 928 environ, un certain *Arigerius*, qualifié de *missus* d'un comte Guillaume; mais, nous le répétons, rien ne prouve que le titre de *missus* désigne un vicomte. Voyez plus loin l'article du vicomte Gauthier, qualifié en outre de *missus* du comte Léotalde.

pièce, que nous avons encore à la bibliothèque impériale, est daté : « mense junio, anno XIIII regnante Hludovico rege. » Cette date semble en opposition avec celle d'un autre acte inscrit dans le cartulaire de Saint-Vincent (n° 48), et où on voit paraître comme signataire, sous l'an XII du même règne, un vicomte *Guillaume*; mais la date de cette transcription est sans doute erronée. La lecture du nom de Guillaume n'est même pas bien certaine, car, au lieu de *Willelmus*, Severt a lu *Walterius* (*Chronol. episc. Matisc.*, p. 36). Gauthier paraît en effet avoir succédé à Mayeul.

Nous voyons aussi vers le même temps (mai 948) paraître deux vicomtes ensemble, Léotbalde et Robert, comme signataires d'un acte de Cluny portant donation de biens situés dans le Mâconnais; mais comme cet acte est signé également par le comte Giselbert, pour l'âme duquel la donation est faite, il nous semble que ces vicomtes étaient du duché ou du comté de Bourgogne et non du Mâconnais. Robert, par exemple, pourrait être le vicomte d'Autun, père de Lambert, comte de Châlon.

Gauthier nous semble avoir succédé à Mayeul. Nous croyons même qu'il était fils de ce dernier, ce qui expliquerait pourquoi on le voit figurer dans des actes contemporains de celui-ci. Nous trouvons en effet, dans les chartes de Cluny, une donation du 20 avril 950, faite par un Gauthier (sans qualification, il est vrai) à sa femme Raimode, de terres situées à Davayé, et acquise jadis par son père Mayeul (*Magiolo*) et sa mère Landrade.

Quoi qu'il en soit, il tint à Mâcon, avec le comte Léotalde, le 4 mai 948, un plaid dans lequel un certain Gauthier fut forcé de restituer aux moines de Cluny des propriétés qu'il avait usurpées à Vercheson, etc. — En septembre 948 et le 8 juin 949 il signe des actes de donation en faveur de Cluny. — Le 20 avril 950 il signe le procès-verbal d'un plaid tenu trois jours avant à Mâcon par le comte Léotalde et l'évêque Maimbode, et dans lequel fut reconnu le droit de l'abbaye de Cluny sur certaines propriétés situées à Vercheson, etc. — Le 12 février 951 il tient avec le comte Léotalde un plaid dans lequel les moines de Cluny obtinrent gain de cause contre les prétentions de Bernard et Gislart. — Le 13 octobre 953 il assiste le comte dans un acte analogue. — Le 4 janvier 958 il signe un acte de donation du comte Léotalde à l'abbaye de Cluny. — Le 20 août 960 il tient à Mâcon, avec le comte Albéric, un plaid dans lequel Warulfe est condamné à restituer certaines propriétés à l'abbaye de Cluny. — Le 16 juin 961 il tient à Mâcon, avec les délégués du comte Léotalde et son fils Albéric, un plaid dans lequel les droits des moines de Cluny sont reconnus sur des propriétés situées à Vinzelles.

Le cartulaire de Saint-Vincent de Mâcon nous a aussi conservé quatre actes où le vicomte Gauthier joue un certain rôle. Ces actes sont de dates incertaines, mais renfermées dans l'intervalle de 950 à 961.

Le premier (ch. 103) est un acte solennel donné par le marquis Hugues et le comte Léotalde en. faveur de l'église Saint-Vincent. Le vicomte signe après Albéric, fils du comte. — Le second (ch. 186) est le procès-verbal d'un plaid tenu à Mâcon par le vicomte Gauthier, comme délégué du comte Léotalde (*missi domini Leotaldi comitis*). — Le troisième (ch. 292) est le procès-verbal d'un autre plaid tenu dans la même ville, en présence du comte Léotalde, et dans lequel le vicomte Gauthier fut lui-même pris à partie par les chanoines de Saint-Vincent, au sujet d'une *colonie* sise à Sennecé, qu'il restitua. — Le quatrième (ch. 420) est le procès-verbal d'un plaid tenu par le comte Léotalde et le vicomte Gauthier, et dans lequel l'église de Saint-Martin de Lixi fut restituée aux chanoines de Saint-Vincent.

On trouve encore dans le cartulaire de Saint-Vincent un acte de date incertaine (n° 71, répété n° 157), mais qui n'est pas postérieur au 17 septembre 962 (1), car on y voit comparaître l'évêque Maimbode avec quelques chanoines de la cathédrale, qui viennent réclamer à Léotalde, qualifié comte impérial (*imperatorii comitis*), parce qu'il avait un fief dans l'empire (2),

---

(1) L'*Art de vérifier les dates* cite cette pièce à l'article de Léotalde Ier, comte de Mâcon, comme tirée des archives de Cluny. Par son objet, on voit qu'elle ne pouvait se trouver que dans le cartulaire de Saint-Vincent.

(2) Richer qualifie ce comte *princeps urbis Vesontii*. (*Hist.* lib. II, cap. 98.)

la restitution de propriétés qui leur avaient été soustraites par diverses personnes. L'acte est souscrit par deux vicomtes, *Gauthier* et *Albéric*. Je pense que ce dernier était le fils de Gauthier, qui l'avait associé à son gouvernement sur la fin de ses jours. Au reste, Albéric ne paraît plus nulle part, et il est probable, si son existence est réelle, qu'il ne survécut pas à Gauthier. Nous voyons au contraire paraître après ce dernier un nouveau vicomte appelé *Nardoin*.

Ce *Nardoin* est sans doute celui que nous voyons figurer comme assistant du comte dans presque tous les plaids tenus dans le Mâconnais vers cette époque. Il fut probablement choisi à ce titre comme vicomte, en supposant qu'il ne fût pas de la famille de Gauthier.

Quoi qu'il en soit, nous le voyons figurer à côté du comte Albéric et avant les scabins et les bonshommes dans un plaid tenu le 1er juin 964. — Deux ans après (mars 966) il signe un acte de donation fait au nom du comte Albéric en faveur de l'abbaye de Cluny.

Nardoin maria sa fille Eufémie à Guy Ier, vicomte de Lyon, comme nous l'avons vu précédemment.

Le cartulaire de Saint-Vincent (ch. 542) fait connaître un vicomte du nom d'*Erlebaldus*, lequel donna à cette église, au mois de juillet an 1000, la moitié de l'église de Saint-Genis (sur Menthon), *in pago Lugdunensi*.

Nous voyons aussi figurer un vicomte *Eldebertus* comme signataire d'un acte de donation, faite en 1022

3

à l'abbaye de Cluny par un abbé Adémar, d'une église située en un lieu appelé *Testorius, in aice subdionense;* mais comme nous n'avons pu déterminer la situation géographique de cette église, nous ne pouvons dire à quel comté appartenait ce vicomte. Seulement nous sommes convaincu qu'il n'était pas du Mâconnais.

Le cartulaire de Saint-Vincent mentionne deux fois, sous les noms de *Hugo* et *Ugo*, un vicomte qui n'est pas autre que *Guy* ou *Wigo*, mentionné dans une bulle du pape Benoît VIII, publiée dans le *Bullarium Cluniacense* (p. 6). En effet, dans l'un et dans l'autre ouvrage il est question d'un frère du vicomte appelé Guillaume. C'est aussi le nom de *Wigo* que Severt donne à ce vicomte dans l'un des actes qu'il a publiés (*Chronol. episc. Matisc.*, p. 90). Ceci admis, nous pouvons citer plusieurs actes rappelant ce vicomte Guy, dont l'administration dût s'étendre de l'an 1015 à l'an 1030 environ. L'un d'eux se trouve page 109 de l'ouvrage de Severt; nous avons également trois chartes signées par lui parmi nos actes de Cluny. Il signe encore en 1019 une donation faite à l'abbaye de Cluny par l'évêque d'Auxerre. Son nom est écrit Ugo dans cette dernière pièce; mais nous ferons remarquer que ce n'est qu'une copie insérée au cartulaire B., et il est facile de s'expliquer la confusion des deux noms, lorsqu'on se rappelle qu'il n'y avait jadis qu'une seule lettre pour exprimer l'U et le V. Or *Vgo* et *Vigo* ne diffèrent guère. Ce vicomte est encore rappelé dans un acte de Cluny de 1093, où on donne pour limite à un champ la terre qui fut autrefois au cuisinier du vicomte Guy (*terram illam quæ fuit olim coqui vicecomitis Wigonis*).

Archimbaud paraît avoir succédé à Guy; mais il était d'une autre famille, ou du moins d'une autre branche, car dans une charte de Cluny, de l'an 1037, dont nous parlerons plus bas, il nomme son père Artaud et son grand-père Hugues. Ce dernier vivait vers 984, et donna cette année même à l'abbaye de Cluny, de concert avec son fils Artaud, qui devait être fort jeune alors, un curtil situé à Montmelas, donation confirmée plus tard par Archimbaud. Celui-ci, au moment de faire le voyage de Jérusalem, donna à l'abbaye de Cluny une église dédiée à Saint-Laurent (c'est Saint-Laurent de Cote, un peu au nord-est de Cluny) et une forêt appelée *Plana Cassanea*, dans le Mâconnais; de plus, il mit en gage aux mains des moines un manse situé à Vigousset, mais à la condition de pouvoir le reprendre s'il revenait de son voyage et si cela lui plaisait. Etant de retour en 1037, il renonça à son droit sur ce manse, et de plus confirma la donation faite précédemment par son grand-père et son père du curtil de Montmelas. En 1039, il confirma ses donations précédentes, et les accrut d'un manse vulgairement appelé *Vineole*. La femme d'Archimbaud, qui s'appelait Béatrix, et qui était probablement du Lyonnais, donna aux moines de Cluny, dans un lieu appelé *Salzeto* (le Sauzet?), *in pago Lugdunensi*, un manse et ses appartenances, peu après la mort de son mari (*Archimbaldi vicecomitis, nuper defuncti*). Nous ignorons l'année de cette mort, mais elle ne peut être de beaucoup postérieure à 1040. Quant au jour, le néchrologe de l'église de Saint-Pierre de Mâcon, qui se trouve à la Bibliothèque impériale (fonds lat. 5254), la fixe au viii des ides (6 du mois) d'août.

Archimbaud laissa deux fils :

1° *Ugo* (ou *Vigo*), qui lui succéda et aura son article ci-après ;

2° Artaud, qui fut l'un des principaux bienfaiteurs de l'abbaye de Saint-Rigaud, où il fut enterré, sous le nom d'*Artaud de Néronde* (*Artaldus Nerondiensis*), sans doute parce qu'il avait la plus importante de ses propriétés à Néronde en Forez. Dans les actes de fondation de Saint-Rigaud qu'ont publiés Severt (*Chron. episc. Matisc.*) et M. Cucherat (*Abbaye de Saint-Rigaud*, in-8°, 1853), Artaud rappelle son père, Archimbaud, et l'un de ses aïeux, Boson (*filius quondam Bosonis*). Quel est ce Boson? On l'ignore ; mais il fallait que ce fût un grand personnage pour qu'on ait cru devoir le mentionner. Après la mort d'Artaud, sa femme Etiennette se remaria et négligea de remplir les engagements de son premier mari ; mais étant tombée malade gravement, à Roanne, où elle résidait, elle envoya prier Drogon, évêque de Mâcon, de venir l'assister à son lit de mort, et elle répara amplement sa faute entre les mains de ce prélat, qui n'avait pas hésité à se déplacer pour elle, ce qui semble indiquer qu'elle avait une haute position.

Hugues (*Ugo, Hugo, Vigo,* car son nom est écrit de ces diverses manières dans les chartes de Saint-Rigaud mentionnées ci-dessus) est surnommé *lo Blans* (le Blanc, *Albus*), surnom qui était sans doute déjà celui de son père (1) et que garda depuis sa famille. Ce vicomte figure comme témoin d'un acte de donation faite à Cluny par Guillaume et sa femme Aimeruz, le 17 mai 1087, et rédigé dans le cloître de l'abbaye le 24 août seulement. Jacques Severt donne de lui, dans sa Chronologie des évêques de Mâcon (p. 118), l'extrait d'un acte beaucoup plus important pour nous. Par cet acte, Hugues donne au chapitre de St-Pierre de Mâcon une chapelle dédiée à saint André, et qui faisait partie de sa vicomté. Voici les termes mêmes de l'extrait donné par Severt : « Sacrosanctæ Dei ecclesiæ in
« suburbio Matisconensis oppidi ab occidentali parte
« fundatæ, in honore apostolorum Petri et Pauli di-
« catæ, ego vicecomes Ugo dono capellam B. Andreæ
« apostoli cum vicaria (*lisez* vircaria) sibi adjacente.
« Sunt autem eæ res de vicecomitatu quem teneo, quas
« prædictæ ecclesiæ et canonicis ibi degentibus præ-
« sentibus et futuris concedo, consentiente Widone,
« comite, seniori meo, etc. Actum Matisconi publice,
« regnante Philippo, etc. » Cet extrait est corroboré par le nécrologe original de l'église de Saint-Pierre,

---

(1) Nous avons dans nos chartes de Cluny un acte sans date que Lambert de Barive a fixé à 1050 environ d'après l'écriture, et dans lequel on voit figurer un *Hugo Albus* sans qualification, qui pourrait bien être notre vicomte Hugues *lo Blans*, avant sa promotion.

que possède la Bibliothèque impériale, dans lequel on lit à la date du 25 octobre : « VIII (kal. nov.) obiit « Ugo, vicecomes, qui reddidit huic ecclesiæ capellam « sancti Andreæ cum vercaria (et non pas *vicaria*), « annuente Widone comite. »

Malheureusement ces deux extraits sont sans date; mais l'acte de donation rentre forcément dans l'intervalle qui s'est écoulé entre 1065 et 1078, lequel comprend tout le temps du gouvernement du comte Guy, dont Hugues obtint le consentement, comme on a vu. Nous avons démontré au commencement de ce paragraphe que la chapelle de Saint-André, donnée par Hugues à l'église de Saint-Pierre, ne pouvait être que Saint-André de Villers, près de Charlieu, et qu'elle indiquait approximativement la situation et l'étendue de la vicomté de Mâcon.

Hugues laissa deux fils :

1° Artaud qui lui succéda, et qui aura son article ci-après;

2° Archimbaud ou *Amblard*, comme on l'a écrit dans les actes de Saint-Rigaud déjà cités, et qui laissa un fils appelé Hugues, comme son oncle. Cet Hugues est peut-être le même que Hugo Albus qui donna, vers 1150, à l'abbaye de Saint-Vivant, ressortissant à Cluny, tout ce qu'il avait « in territorio de Menchanges et de Vergeio » (Vergy, près de Saint-Vivant, diocèse de Dijon).

Artaud le Blanc (*Albus*) succéda à son père Hugues vers 1076. Severt a publié (*Chron. ep. Mat.*, p. 116) un acte par lequel on apprend que le comte Guy et le vicomte Artaud remirent à l'église de Saint-Pierre de Mâcon toutes les *coutumes* qu'ils levaient dans ses terres, justement ou injustement (omnes consuetudines, censum et debitum quod in quibusdam terris ejus juste aut injuste habemus). Cet acte est sans date, mais il ne peut être postérieur à 1078, année où le comte Guy, poussant plus loin la dévotion, se retira dans l'abbaye de Cluny avec trente gentilshommes ses vassaux. (Leurs femmes, imitant leur exemple, se retirèrent, de leur côté, au monastère de Marcigny, dépendant de Cluny.)

On trouve aussi dans le cartulaire de Saint-Vincent de Mâcon (1) une donation faite par Artaud le Blanc, mais il n'y prend pas le titre de vicomte. Par cet acte, il restitue (*reddidit*) à ce chapitre la part de propriété qu'il avait sur l'église de Saint-Amour (au midi de Mâcon), sans en rien retenir, et fait approuver cette donation par son neveu Hugues (*Ugo, nepos ejus*), qui donna probablement aussi la part qu'il tenait de son père Archimbaud.

Artaud laissa deux fils :

1° Artaud, qui lui succéda et aura son article ci-après ;

2° Archimbaud, qui donna en aleu à Guichard de Beaujeu (1120-1130?) le château de *Cavageru* (Chevanisset?) et la montagne où il se trouvait, avec tout

---

(1) Ch. 25. Voy. encore Severt, *Chron. ep. Mat.*, p. 116.

ce qu'il possédait depuis la vallée de Murcy et de Dun jusqu'à la Bussière, Marcilly et Sainte-Marie-du-Bois (1). Plus tard, sur le point de faire le voyage de Jérusalem, il céda à Humbert de Beaujeu (1137-1140?) tout ce qu'il avait au-delà de la Loire, s'il mourait sans enfant (2), circonstance qui ne se réalisa pas, car Archimbaud eut un fils appelé Etienne, avec lequel et sa propre femme il fonda le monastère d'Aigueperse en Beaujolais vers l'an 1100.

Artaud II le Blanc épousa une fille du seigneur de Miribel, qui lui apporta en dot le château de Riotier, près de Trévoux. Il céda la moitié de ce château à Guichard de Beaujeu (1120-1130?). Dans l'acte, passé à Beaujeu même, il nomme son beau-frère Boniface de Miribel (3). Il fit encore d'autres cessions à Humbert de Beaujeu (1137-1140?), et dans l'une d'elles on voit paraître comme témoin Etienne le Blanc, son neveu.

Artaud laissa trois fils :

1° Artaud, qui lui succéda, et aura son article ci-après ;

2° Archimbaud, qui viendra ensuite ;

3° Bernard le Blanc (*Blancus*), cité dans un acte du cartulaire de Saint-Vincent de Mâcon (ch. 627), de l'an 1167, dans lequel il se dit cousin d'Etienne (le Blanc).

---

(1) Aubret, *Mém. pour servir à l'Hist. de Dombes*, p. 280.
(2) *Ibid.*, p. 324.
(3) *Ibid.*, p. 277.

Artaud III le Blanc se montra d'abord très-malveillant à l'égard des gens d'église. Pierre le Vénérable, abbé de Cluny, parlant du retour d'Humbert de Beaujeu de la Terre-Sainte (vers 1150?), s'exprime ainsi :
« Il atterra tellement le vicomte de Mâcon, ce loup,
« qui le matin, le soir et la nuit, ravageait nos terres,
« qu'il pouvait dire avec Job : *Je briserai les mâchoi-*
« *res du méchant, et j'arracherai la proie de ses*
« *dents* (1). »

Artaud s'amenda sur la fin de ses jours. Nous avons de lui un acte solennel dans lequel, reconnaissant qu'il a fait beaucoup de mal à l'abbaye de Cluny, il cède à l'abbé Thiébaut la garde d'Ambierle, tout son fief (*toto honore*) dudit lieu, ainsi qu'une foule d'autres droits dans les environs, avec menace d'excommunication contre ses héritiers et successeurs s'ils suscitent aucune querelle à l'abbaye pour cela. L'acte est daté d'Ambierle, le 1ᵉʳ septembre 1180 (2). On n'y voit figurer aucun membre de sa famille. Il n'avait sans doute pas d'enfants.

Archimbaud II, frère cadet d'Artaud III, lui succéda dans la vicomté. Nous ne mentionnons ce vicomte que par induction, car nous n'avons point d'autre témoignage de son existence que la vague inscription d'un vicomte Archimbaud sur l'obituaire d'Ambierle

---

(1) *Biblioth. Clun.* col. 925.

(2) Artaud figure aussi comme témoin dans un acte sans date (1167-1184) du cartulaire de Saint-Vincent de Mâcon (ch. 622).

à la date du .... (1) des nones de mars. Mais le nom de ce vicomte, et sa mention sur l'obituaire en question, ne nous laissent pas douter qu'il s'agisse d'un membre de la famille des le Blanc. Seulement, le rang que nous lui donnons dans la nomenclature des vicomtes de Mâcon est contestable. Ce qui nous détermine à adopter ce système, c'est que l'acte solennel de donation fait par Artaud III, en 1180, en faveur de Cluny, semble prouver qu'il n'avait pas d'enfant; or, le dernier vicomte, quel qu'il soit, en eut au moins deux.

Ces enfants sont Rainaud et Hulric, qui, en octobre 1220, cédèrent *spontanément*, au comte de Forez, tout ce qu'ils possédaient encore au-delà de la Loire, et spécialement Crozet et ses appartenances, qui se trouvent près d'Ambierle.

La charte qui constate cette donation étant très-importante et très-courte, nous n'hésitons pas à la reproduire ici d'après l'original conservé aux archives de l'empire (titres du Forez, pièce 138) :

« Rainaudus, Dei gratia Lugdunensis ecclesie mi-
« nister humilis, omnibus in perpetuum. Universitati
« vestre notum facimus quod Rainaudus et Hulricus,
« fratres, *filii quondam vicecomitis* Matisconensis,
« quitaverunt et guerpiverunt sponte nobili viro Gui-
« goni, comiti Forisiensi, *nepoti nostro*, in presentia
« nostra, quidquid habebant ultra Ligerim, et spe-

---

(1) Voyez ce que nous avons dit à propos de cette date au paragraphe des comtes de Lyon, p. 13, note.

« cialier Croset, cum suis pertinentiis, et omnis
« querela inter eosdem fratres et comitem predictum
« quittata fuit pariter et sopita. Unde nos, ad precem
« et mandatum dictorum Rainaudi et Hulrici, pre-
« sentes litteras scribere fecimus in testimonium ve-
« ritatis, et sigilli nostri munimine roborari. Actum
« anno Domini M° CC° XX°, mense octobri. » (1)

On se demandera pourquoi Rainaud et Hulric se disent seulement fils du vicomte défunt (*filii quondam vicecomitis*), et non pas vicomtes eux-mêmes. Il nous semble qu'il n'y a point d'autre conclusion à tirer de ces expressions, sinon que la vicomté s'était éteinte en la personne d'Archimbaud. Et cette explication est d'autant plus naturelle, qu'elle s'accorde avec ce qui se passait aux environs, c'est-à-dire avec la suppression des fonctions de vicomte à Lyon et à Vienne, pour ne parler que des pays qu'embrasse notre étude. Déjà, depuis longtemps, les vicomtes de Mâcon n'avaient plus rien dans l'ancienne vicomté des environs de Charlieu. De même que ceux de Lyon étaient venus s'établir à Lavieu, ceux de Mâcon s'étaient installés à Ambierle, qui n'était pas même du comté de Mâcon (2).

---

(1) De la Mure cite cette pièce dans son *Histoire des ducs de Bourbon*, livre II, chap. 17, mais il dit par inadvertance Rainaud et Ulric fils du comte de Mâcon, et s'étonne de ne pas les voir mentionnés dans la chronologie des comtes de Mâcon par Duchesne.

(2) Un fait assez curieux, c'est que les deux petites contrées qui avaient dépendu successivement des vicomtes de Mâcon furent de bonne heure rattachées au Lyonnais, quoique ressortissant à des diocèses différents, et font aujourd'hui partie du département de la Loire.

Les circonstances qui avaient amené cette petite révolution nous sont inconnues, mais les faits sont là. Nous ne pousserons donc pas plus loin nos investigations.

CONCLUSION.

On voit que dans les trois pays que nous avons pris pour but de nos recherches actuelles, c'est-à-dire dans trois comtés bourguignons limitrophes, les vicomtes, institués dès le neuvième siècle, étaient les lieutenants des comtes, que comme ceux-ci ils devinrent héréditaires, qu'ils eurent une vicomté territoriale à un moment donné, et enfin que vicomtes et vicomtés disparurent du onzième au douzième siècle, lorsque les grands fiefs étant définitivement constitués, une lieutenance héréditaire devenait une entrave au lieu d'être une aide.